WILLIAM-VINCENT WALLACE

TIRÉ A PETIT NOMBRE.

WILLIAM-VINCENT

WALLACE

ÉTUDE BIOGRAPHIQUE ET CRITIQUE

PAR

ARTHUR POUGIN

PARIS

ALFRED IKELMER & COMPAGNIE
4, BOULEVARD POISSONNIÈRE, 4

1866

Droits de Reproduction et de Traduction reservés

L'auteur demande l'indulgence du lecteur pour le présent travail, fait dans des conditions tout exceptionnelles. On vint lui demander pour un journal, Wallace étant mort, une notice aussi complète que possible sur cet artiste distingué. Mais les documents manquaient : il lui fallut attendre, pour se mettre à l'œuvre, l'arrivée des premiers journaux anglais, qui consacraient d'assez longs articles à la mémoire de leur compatriote. Il commença son travail sans pouvoir établir un plan nettement déterminé, et le continua, toujours avec l'aide des feuilles anglaises et américaines, traduisant et dépouillant à mesure, en même temps qu'il prenait, quoique avec soin, une rapide connaissance des œuvres de celui dont il devait retracer la carrière, apprécier le génie.

On conçoit qu'une biographie aussi développée que celle-ci n'était point facile à faire dans de telles conditions, étant donnée surtout la valeur exceptionnelle de l'artiste qui en est l'objet. L'écrivain a fait de son mieux, le biographe a accumulé les documents, le critique a tâché d'être impartial, mais il persiste à réclamer l'indulgence pour les nombreuses imperfections que le lecteur pourra rencontrer dans le cours de cette étude.

WILLIAM-VINCENT WALLACE

Au moment où l'Angleterre vient de perdre le plus illustre de ses hommes d'État, il lui faut aussi déplorer la mort d'un de ses artistes les plus remarquables et les plus aimés. Deux de ses gloires viennent de s'éteindre à la fois, l'une éclatante, magistrale, incontestée ; l'autre plus modeste, moins souverainement brillante, mais réelle et populaire cependant, toutes deux personnifiées en deux hommes supérieurs sous le rapport de l'intelligence, et remarquables surtout par cet assemblage de facultés particulières qui constituent le véritable génie britannique. Dans la même année, dans le même mois, à quelques jours à peine de distance, la vie abandonnait chacun de ces deux hommes; et tandis que lord Palmerston, premier ministre de l'Angleterre, mourait dans sa patrie le 18 octobre, chargé d'ans et de fortune, le compositeur Wallace, musicien d'un grand talent, auteur de plusieurs ouvrages fort estimés, venait de s'éteindre en France, où les médecins l'avaient envoyé, dans l'espoir de lui faire recouvrer une santé ébranlée déjà depuis longues années.

Grâce à la coutume singulière où nous sommes, nous autres Français, de ne nous occuper guère, en ce qui concerne les travaux de l'esprit, que de ce qui se passe en notre pays, Wallace nous était parfaitement inconnu. Cela est d'autant plus fâcheux que cet artiste était doué d'une façon très-remarquable, qu'il a donné les preuves d'un talent solide et réel, et que, en ne prenant pas la peine de consulter ses œuvres et d'apprendre à les connaître, nous nous sommes volontairement privés de jouissances véritables et fécondes.

Je ne crois pas qu'un seul écrivain français se soit jamais occupé de lui ; M. Fétis lui-même lui a consacré à peine quelques lignes dans sa *Biographie universelle des Musiciens*, et cependant, non-seulement ses ouvrages sont nombreux (il a écrit six opéras, deux cents morceaux de chant, autant de morceaux de piano, sans compter sa musique instrumentale), mais sa vie, bizarre et accidentée, a tout le charme, toute la saveur, tout l'attrait d'un véritable roman. Grâce aux notices substantielles publiées sur lui depuis sa mort par les journaux anglais, notices dans lesquelles nous avons largement puisé, grâce aussi à quelques renseignements privés, enfin à une étude attentive, bien qu'un peu rapide, de quelques-unes de ses œuvres les plus considérables, nous allons essayer de retracer aussi exactement que possible les caractères principaux de la vie, du talent et de la carrière de cet artiste distingué. Peut-être ce travail sera-t-il profitable à quelques-uns ; à coup sûr, et en raison de la valeur de celui qui en est l'objet, il ne saurait manquer d'être intéressant.

I

Ce n'est pas seulement comme artiste que Wallace a fait preuve de qualités véritablement supérieures; ses facultés intellectuelles étaient très-grandes, et il les complétait par le plus heureux assemblage des sentiments propres à tout homme bien né, des qualités intimes et sérieuses qui font l'homme de cœur. Il était, en un mot, l'un des types les plus accomplis de ce que ses compatriotes appellent un parfait *gentlemen*.

Très-grand de taille, fort en proportion, de manières extrêmement distinguées, il avait les cheveux blonds, les yeux bleus, le visage régulier, la physionomie affable et prévenante. L'urbanité était un des traits distinctifs de son caractère, et la bonté de son cœur, qui lui avait fait de nombreux amis, lui conquérait spontanément l'affection de tous ceux qui étaient à même de l'approcher. C'était une nature attractive au suprême degré.

Doué d'une imagination très-vive, il avait l'intelligence

prompte, ouverte, facile à tout saisir, et il accumulait toute espèce de connaissances avec une étonnante rapidité. Excellent linguiste, il était très-versé, non-seulement dans les lettres anglaises, mais encore dans les littératures allemande, italienne, espagnole et française. Très-brillant dans la conversation, ayant beaucoup vu, beaucoup lu et beaucoup retenu, il causait avec un charme inexprimable, et ses nombreux voyages étaient pour lui une source toujours nouvelle de récits intéressants, à l'aide desquels il captivait ses auditeurs.

Il était né à Waterford (Irlande), le 1er juin 1814. Son père, chef de musique au 29e de ligne, excellent musicien lui-même et virtuose remarquable, jouait de tous les instruments militaires, ainsi que de quelques instruments à cordes, et touchait du piano. Dès ses jeunes années, Wallace témoigna de rares aptitudes musicales, et fit voir qu'il égalerait bientôt, s'il ne les surpassait, les talents de celui auquel il devait le jour. Émerveillé de telles dispositions, sir John Buchan, colonel du 29e, qui resta jusqu'à sa mort l'ami constant de Wallace, prit l'enfant sous sa protection et le patrona ouvertement. Celui-ci ne se fit pas prier pour travailler avec ardeur, car, à peine âgé de quinze ans, il jouait, ainsi que son père, de tous les instruments qui entrent dans la composition des corps de musique militaire, et de plus il avait acquis une grande habileté sur le piano, le violon, la clarinette et la guitare. Et non content de ses talents de virtuose, il s'exerçait encore à la composition et écrivait de nombreux pas redoublés, marches, fantaisies, pour la musique du régiment où servait son père, et même pour d'autres corps.

C'est à cette époque qu'il fut appelé à remplir l'emploi d'organiste à la cathédrale de Thurles; mais il ne resta que fort peu de temps en cette ville, et vint à Dublin, où, malgré son jeune âge, il se vit nommer chef d'orchestre du théâtre et directeur des concerts. Grâce à cette brillante position, Wallace se trouva bientôt en contact avec les célébrités musicales du temps, et fut hautement encouragé dans ses études et dans ses travaux par la vive approbation de grands artistes, tels que Ferdinand Ries, Mme Catalani, Paganini et autres. Il resta trois années entières à Dublin, pendant lesquelles il eut l'heureuse fortune de diriger la première exécution qui eut lieu en Irlande de l'oratorio de Beethoven, *le Christ au mont des Oliviers*.

Pourtant, à l'âge de dix-huit ans, ses forces semblèrent l'abandonner, et il parut un instant devoir succomber sous le poids d'études et d'occupations beaucoup trop multipliées. Sa nature, heureusement, était vigoureuse, et devait résister à ce qui eût causé la mort de bien d'autres. Néanmoins, il prit subitement le parti d'abandonner la musique, et se décida du même coup à quitter sa patrie et à émigrer dans la Nouvelle-Galles du Sud.

Arrivé dans ce pays, il s'enfonça d'abord profondément dans les bois, loin des regards humains, et mena pendant un assez long temps l'existence à la fois paisible et agitée des trappeurs, vivant des produits de sa chasse et ne quittant jamais son fusil; puis, le croirait-on! il en vint à s'adonner à l'élève du bétail, et à se faire agriculteur! Qui peut savoir combien de temps eût duré cette vie étrange et de quelle façon elle aurait cessé, sans un fait inattendu qui vint la terminer brusquement? Toujours est-il que, sans la circonstance que nous allons rapporter, jamais sans doute on n'eût plus entendu parler de Wallace comme compositeur.

Un jour, et pendant un des courts voyages que, des bords du Darling, où il avait établi sa résidence, il faisait souvent à Sydney, il fut invité par quelques amis à assister à une petite réunion musicale. Ayant accepté, il se rendit à cette soirée, bien éloigné de penser qu'elle dût influencer pour toujours sa destinée, et que, grâce à elle, son nom trouverait plus tard une place glorieuse dans les annales de l'art. Il arrive au lieu de la réunion et voit, autour d'une table et le visage rayonnant de plaisir, quatre *gentlemen*, apportant à l'exécution d'un quatuor d'Haydn une somme de bonne volonté beaucoup plus grande que leur talent. A cette audition, et malgré la faiblesse des interprètes, toute la musique sommeillant dans son cœur, — selon l'expression d'un de ses amis, qui vient de lui consacrer une notice étendue dans *the Musical World*, — sembla se réveiller et le faire renaître à une vie nouvelle, et il se vit plus que jamais possédé d'un immense amour de l'art. Sur la demande et à la grande satisfaction des assistants, il joua la partie de premier violon dans le quatuor suivant, et, enivrés par cette musique délicieuse, nos virtuoses prolongèrent la séance jusqu'au jour.

Le bruit de cette aventure se propagea dans Sydney avec la rapidité de l'éclair, et le gouverneur, sir John Burke, de Limerick, compatriote de Wallace, apprit bientôt qu'il avait dans son voisinage un artiste des plus remarquables. Il l'engagea à donner un concert, ce à quoi celui-ci consentit sans peine. Le succès fut très-grand, et sir John, comme marque de sa vive satisfaction et du plaisir qu'il avait pris à l'entendre, envoya à l'agriculteur-musicien un troupeau de deux cents moutons, ce qui, à cette époque et dans ce pays, était considéré comme un cadeau princier.

L'amour qu'il avait porté jadis à la musique revenait plus violent que jamais dans le cœur de Wallace, et un succès comme celui qu'il venait d'obtenir n'était pas fait pour l'apaiser. Très-satisfait du résultat de son premier concert, il songea à en donner quelques autres, avec le concours de Mme Bouchelle, sa sœur, cantatrice distinguée, qui se trouvait aussi à Sydney; dans le même temps il dirigea quelques exécutions musicales. Mais bientôt un désir ardent lui vint de parcourir le monde, et il résolut d'entreprendre un grand voyage, avec l'intention de se faire entendre partout où cela serait possible.

Ici commence pour Wallace toute une longue série d'aventures, d'incidents et d'agitations de toutes sortes, qui, si elle ne constitue pas la partie la plus importante de sa carrière, au point de vue artistique, forme du moins le chapitre le plus curieux, le plus bizarre et l'un des plus intéressants de son existence singulièrement accidentée.

II

Bien décidé à faire connaître partout son beau talent de violoniste, Wallace quitta donc Sydney et se rendit d'abord à Launcesten, dans Van Diemen's land, y donna plusieurs concerts, puis alla à Bay of Islands, dans la Nouvelle-Zélande, qui n'était alors qu'une colonie primitive à demi-civilisée. Là, il prit passage sur un navire anglais, *the Good Intent*, dont l'équipage était en grande partie composé de naturels du pays. Une nuit, ceux-ci se révoltèrent contre les Européens, qu'ils massacrèrent tous, à l'exception de trois, au nombre desquels se trouvait heureusement Wallace. Il fut mis à terre à South-Island, et là, par suite d'un incident dont nous ignorons les détails, il courut de nouveau les plus grands périls et ne dut son salut qu'à la fille du chef du pays. Il abandonna bientôt cette terre inhospitalière et s'embarqua pour l'Inde (East Indies). Avec cette insouciance du danger qui était l'un des traits distinctifs de sa nature aventureuse, il s'enfonça très-avant dans l'intérieur du pays et visita d'abord la cour d'Oude, où il se fit entendre avec tant de succès que la feue reine lui fit des présents d'un grand prix, consistant principalement en diamants et en rubis. C'est là qu'un jour encore il faillit perdre la vie, ayant voulu prendre part à une chasse au tigre. Il était à cheval, au milieu d'une immense plaine, lorsqu'un de ces animaux se présenta. Wallace tire et blesse le tigre, qui, furieux, s'élance sur lui avec la rapidité de l'éclair ; le chasseur ne perd pas la tête, tire son second coup à bout portant et tue son adversaire ; mais l'élan était donné, et l'animal tombe lourdement sur lui. Homme, cheval et bête roulèrent ensemble, et Wallace avait deux côtes enfoncées.

Après s'être remis de cet accident, il se rendit dans la vallée de Kachmyr, puis gagna Calcutta, où il s'embarqua pour Valparaiso. On voit que la route lui coûtait peu. De Valparaiso, il alla à Santiago, traversa les splendides Cordillières des Andes tantôt à cheval, tantôt à dos de mulet, et arriva à Buenos-Ayres, où il séjourna peu, la ville étant en état de blocus. Il avait fait ce dernier voyage avec un de ses amis, musicien comme lui (celui qui, sans la signer, a écrit la notice publiée par le *Musical World*, à laquelle j'emprunte la plus grande partie de ces détails), et tous deux étant retournés à Santiago, y donnèrent, en compagnie d'un vieux harpiste qui était venu d'Espagne en cette ville en 1793, plusieurs concerts qui ne laissèrent point que d'être très-productifs. Le dernier de ces concerts leur fit faire une recette de 3,000 dollars (environ 15,000 francs), qui furent payés à la porte en monnaie de toute sorte ; l'enthousiasme pour nos artistes était si grand, et chacun avait un tel désir de les entendre, que deux *gauchos* (1), qui n'avaient point d'argent, donnèrent au bureau, pour payer le prix de leur entrée, une paire de superbes coqs de combat. Pour plusieurs de ces séances, Wallace eut le concours d'une cantatrice indigène, la senora Paquita Robles, et d'un jeune artiste écossais qui chantait des mélodies de son pays au grand plaisir du public chilien.

Wallace donna un jour une preuve de son enthousiasme pour l'art et du respect qu'il avait pour le public. Il avait promis de prendre part à un concert organisé, à Valparaiso, au profit d'une œuvre de charité; mais certaines circonstances lui ayant fait oublier cet engagement, il se trouvait, le matin du jour fixé pour le concert, à 125 milles de cette ville, lorsque son ami lui rappelle la parole qu'il a donnée. Wallace n'hésite pas, monte à cheval, bien résolu d'arriver à temps, fait, en onze heures et en changeant treize fois de monture, le trajet qui le séparait de Valparaiso, entre en ville, moulu et harassé, alors qu'on commençait à désespérer de le voir, et vient se faire entendre au public, qui était loin de se douter de l'effort qu'avait dû faire l'artiste pour ne point manquer à sa promesse.

Du Chili, Wallace se rendit au Pérou, et donna à Lima un concert qui produisit la somme de 5,000 dollars; puis il traversa encore les Andes, retourna à Buenos-Ayres, et visita successivement, en y donnant des concerts, la Havane, Vera-Cruz, Tampico et Mexico. Ses succès étaient toujours très-grands, et ce dernier voyage fut pour lui extrêmement productif. Il gagna particulièrement beaucoup d'argent à Mexico, où il composa, pour une fête d'anniversaire, une *grande messe* restée inédite, qui, exécutée plusieurs fois à la cathédrale, fut pour lui l'occasion d'un véritable triomphe et lui valut une récompense considérable de la part du gouvernement mexicain.

Curieux de visiter tous les pays, ne se fixant nulle part, un jour ici, l'autre là, ayant d'ailleurs la faculté de ne se fatiguer jamais, Wallace quitta bientôt le Mexique et s'embarqua pour

---

(1) *Gauchos*, paysans.

la Nouvelle-Orléans. Là encore, son succès fut immense et, on peut le dire, plus flatteur que tous ceux qu'il avait obtenus jusqu'alors, car il se trouvait en face d'un public exigeant et véritablement connaisseur. L'enthousiasme qu'il excita au théâtre Saint-Charles, par l'exécution d'un solo de violon de sa composition, fut si grand, que les artistes de l'orchestre s'oublièrent au point de cesser de l'accompagner pour joindre leurs applaudissements à ceux du public, fascinés par le talent du virtuose, et se mirent à frapper leurs instruments avec une sorte de fureur.

De la Nouvelle-Orléans, Wallace entreprit une grande excursion dans les États du Sud de la république américaine, qu'il traversa de part en part, et l'on peut dire que les nombreux concerts qu'il donna dans toutes les villes qu'il visita ainsi furent une suite de triomphes éclatants.

En 1844, Wallace, de retour de ce voyage triomphal, arrivait à New-York. Il avait alors trente ans, et sa taille élevée, l'aisance et la sveltesse de sa tournure, la haute intelligence que respirait sa physionomie, l'élégance et la recherche de sa toilette, la distinction de ses manières, tout enfin prévenait en sa faveur et concourait à en faire un cavalier accompli. Cependant il paraissait rêveur et mélancolique, un certain air de langueur était répandu sur ses traits, et l'on pouvait présumer que son tempérament moral s'était laissé amollir par les habitudes dissolvantes qu'un séjour prolongé dans le Sud et un long contact avec ses habitants avaient dû lui faire contracter, et peut-être aussi que l'abus de plaisirs énervants avait quelque peu modifié sa nature énergique et vigoureuse. D'ailleurs, il comptait dans sa vie de jeune homme une demi-douzaine d'aventures amoureuses, qui toutes s'étaient terminées fatalement, et qui n'avaient pas été sans lui imprimer de fortes secousses morales.

Néanmoins, et malgré la transformation qui semblait s'être opérée en lui, il n'avait rien perdu de ses talents de virtuose ; bien loin de là. Invité un jour à se faire entendre dans une maison amie, devant une nombreuse assemblée, il se mit d'abord au piano et émerveilla les assistants par sa merveilleuse exécution d'une *Cracovienne* dont il était l'auteur, morceau qui acquit plus tard une très-grande popularité. D'un avis unanime, il fut reconnu que jamais pianiste aussi remarquable n'avait encore visité l'Amérique. Mais ce fut bien autre chose lorsqu'il s'empara d'un violon, et qu'il déploya dans le jeu de cet instrument non-seulement une étonnante habileté, mais une passion pleine de puissance et de grandeur. Chacun était tenu sous le charme, et l'auditoire était transporté de plaisir et d'admiration.

A la suite de cette soirée mémorable, les succès de Wallace aux États-Unis atteignirent des proportions colossales, et il fut considéré par tous, non-seulement comme un virtuose de premier ordre, mais comme un artiste exceptionnel et de tout point extraordinaire. Ses compositions pour les instruments qu'il jouait avec une telle perfection furent avidement recherchées, et on s'accordait à leur reconnaître, en même temps que des qualités supérieures, une extrême originalité. Pourtant, personne en Amérique ne supposait que Wallace songeât à une transformation radicale de sa carrière, et on était loin de se douter qu'il entrevît, dans les nuages de l'avenir, une gloire autre que celle qui avait été jusqu'alors son partage, et dont il avait eu lieu de se montrer satisfait.

Mais Wallace avait une noble ambition. L'accueil chaleureux et sympathique qu'avaient reçu partout ses compositions instrumentales lui avait inspiré des visées plus hautes, et avait fait naître en lui, avec le désir de travailler pour le théâtre, l'espoir d'y réussir et de se fonder une renommée plus brillante, plus complète et moins périssable que celle du virtuose, laquelle s'éteint virtuellement avec l'existence de celui qui en est l'objet.

Comme nous l'avons vu tout à l'heure, il venait alors d'accomplir sa trentième année; il avait beaucoup vécu, dans la saine acception du mot, beaucoup vu, beaucoup aimé. Il avait enfin, tout récemment, mis un terme à son existence aventureuse, en se mariant, à New-York, avec une jeune fille d'une grande intelligence et d'un rare talent, miss Hélène Stœpel, pianiste fort distinguée. Wallace était donc arrivé à ce point important de la vie où l'homme supérieur, parvenu à la plénitude de ses facultés et définitivement fixé sur ses apitudes, acquiert la pleine conscience de sa valeur et devient véritablement capable de concevoir de nobles créations.

Mais il sentait que son rêve ne pouvait se réaliser et prendre corps en Amérique, et il comprenait que le génie qui naissait en lui avait besoin d'un centre plus propice à son libre déploiement. Bien que l'Angleterre, sous le rapport des arts, soit fort loin d'être une terre privilégiée, il n'en est pas moins incontestable qu'elle est, même à cet égard, de beaucoup supérieure à quelque pays que ce soit du Nouveau-Monde. Wallace prit donc son parti et résolut de venir tenter la fortune à Londres, espérant que ses compatriotes ne lui marchanderaient pas trop la gloire qu'il ambitionnait et qui devenait désormais le but de son existence. Il s'embarqua donc avec sa jeune femme, et tous deux arrivèrent en cette ville dans le courant de 1845.

III

Malgré son désir et son espoir, Wallace n'était point assez naïf pour supposer que, même dans son pays, la chance le favoriserait avec une telle promptitude qu'il ne fût pas obligé de lutter contre elle. Il connaissait les hommes et savait que, pour forcer leur admiration, il faut faire preuve d'énergie autant que de génie. Il s'attendait donc à de rudes combats, mais il se sentait en lui-même une vigueur et une virilité capables de lui donner la victoire, quelque cher, d'ailleurs, que celle-ci pût lui coûter.

Il commença par se produire comme pianiste, et, sous ce rapport, il retrouva une bonne partie de ses succès d'outre-mer. Mais il n'était pas le seul pianiste à Londres, et il avait à lutter, lui, nouveau venu, contre de nombreux souvenirs, contre d'incessantes comparaisons et des renommées formées ou en voie de l'être. Cependant, il n'eut pas à se plaindre de l'accueil qu'il reçut comme virtuose, et, dans cet ordre d'idées, la faveur publique fut loin de lui faire défaut. Mais c'est lorsqu'il s'agit de la publication des œuvres qu'il faisait applaudir chaque jour que Wallace rencontra des obstacles insurmontables. Les artistes qui tenaient le haut du pavé et dont la réputation était établie, encombraient de leurs compositions les magasins des éditeurs, et les siennes se trouvaient de trop sur le marché. Il avait beau tourmenter ceux-ci et essayer de leur forcer la main, aucun d'eux ne voulait consentir à entamer une affaire avec lui et à hasarder si peu d'argent que ce fût pour la publication d'ouvrages dont ils ne comprenaient pas la valeur et qu'ils craignaient de ne point voir priser par les amateurs. Wallace racontait lui-même, avec une bonhomie charmante, qu'un jour, ayant porté quelques-unes de ses compositions à un éditeur renommé de Londres, afin que celui-ci en prît connaissance, il avait été poliment éconduit et que ses manuscrits lui avaient été rendus à sa seconde visite, sans que probablement on eût même pris la peine de les examiner ; qu'en rentrant chez lui, quelque peu écœuré par l'insuccès de sa démarche, bien que toujours confiant cependant dans l'avenir et conservant plus que jamais la conscience intime qu'il atteindrait la gloire qu'il avait rêvée, il écrivit en marge de ces papiers : « Refusés par un tel, à telle date ; » qu'enfin, après le magnifique succès de son premier opéra, *Maritana*, le même éditeur vint le trouver chez lui et lui paya 20 guinées (525 francs) ces mêmes morceaux qu'il avait refusés jadis si dédaigneusement.

Personne, cependant, à Londres, ne doutait du talent de Wallace, mais personne non plus n'en comprenait toute la portée et ne se rendait compte des brillantes destinées auxquelles l'appelaient sa haute intelligence et ses facultés tout exceptionnelles. J'ai prononcé le nom de son premier ouvrage dramatique, *Maritana*. On venait alors de représenter à Paris, avec un grand succès, au théâtre de la Porte-Saint-Martin, le drame intitulé *Don César de Bazan*, dans lequel notre grand comédien Frédérick-Lemaître avait des accents si sublimes. Un écrivain anglais, M. Fitz-Ball, forma et mit à exécution le projet de tirer de ce drame un poëme d'opéra, et de le donner à Wallace pour le mettre en musique (1). Le directeur d'un

---

(1) Voici la traduction d'une lettre intéressante adressée à ce sujet au directeur du *Musical World*, et publiée dans ce journal peu de temps après la mort de Wallace.

  « Monsieur,
 » Ce fut, je crois, vers le commencement de septembre 1845, un soir que la

des théâtres de Londres, Frederik Beale, doué de plus de confiance dans le compositeur que ses compatriotes, et ayant appris qu'il écrivait un ouvrage dramatique, vint un jour chez lui et arriva au moment où il venait de terminer le premier acte de sa partition. Beale, fort bon musicien lui-même, était un juge très-compétent en pareille matière; par la seule audition des morceaux déjà faits, il comprit que l'ouvrage, une fois terminé, serait des plus remarquables, proposa immédiatement au compositeur un arrangement fort avantageux pour celui-ci et qui fut aussitôt accepté, et se retira avec le manuscrit de ce premier acte sous son bras.

Wallace, au comble de ses vœux, heureux plus qu'on ne peut le dire d'avoir enfin rencontré un homme digne de le comprendre et de se voir à la veille d'être représenté, se mit en mesure d'achever son œuvre avec toute la rapidité possible, sans que toutefois cet empressement pût en quoi que ce soit nuire à sa valeur, et livra bientôt sa partition complète à Beale. Celui-ci en fit aussitôt commencer les études, qui furent menées très-activement, et *Maritana* fut livrée au public dans le courant de

---

lune se levait à l'horizon, brillante comme un globe d'or, que Wallace, l'ami de ma jeunesse à Dublin, me dit, près de la fenêtre du salon de la maison située au n° 87, dans Piccadilly : « Saint-Léger, croyez-vous que je puisse composer un opéra ? » — Je répondis immédiatement : « Certainement, vous le pouvez, et je vous conseille même de vous en occuper promptement. » — « Mais, me demanda Wallace, comment devrai-je m'y prendre pour obtenir un livret? » — « Je vous présenterai à M. Fitz-Ball, répondis-je, lequel a écrit pour mon ami Balfe les paroles de plusieurs opéras qui ont eu du succès, et, ajoutai-je, le plus tôt sera le mieux. Il fait beau ce soir, Fitz-Ball demeure dans Portland-road; allons-y de suite. » Wallace consentit, et nous partîmes pour nous rendre chez Fitz-Ball. Lorsque nous fûmes arrivés, je frappai à la porte, mais personne ne venant ouvrir, je pensai que mon ami le poëte était sorti. Je frappai cependant de nouveau, et cette fois un peu plus fort. Une demi-minute après, le cher et vieux poëte vint en personne ouvrir la porte, ayant une plume placée derrière l'oreille, selon l'habitude des employés et des écrivains. Je lui présentai Wallace, en lui disant qu'il était le confrère de notre ami Balfe, le compositeur populaire, et que, son désir étant de composer un opéra, je le lui amenais afin qu'ils s'entendissent au sujet du poëme. — « C'est très-extraordinaire et fort heureux, dit Fitz-Ball, car, comme vous frappiez à ma porte, je finissais sur le drame de *Don César de Bazan* un opéra que j'ai l'intention d'appeler *Maritana*. » Au bout de quelques minutes d'entretien, Fitz-Ball pria Wallace de lui jouer quelque chose de sa composition, et le poëte fut si enchanté des délicieuses mélodies que mon cher ami lui fit entendre, qu'avant de se séparer de nous il lui donna le premier acte de *Maritana*.

» Heyward Saint-Léger. »

1846. Elle obtint un succès tel qu'il était sans précédent dans les annales de l'art en Angleterre, et qu'il dépassa de tout ce qu'on peut imaginer les plus chères espérances de son auteur. Le fait est que la pièce fut jouée près de cent fois de suite, et que ce résultat, fort rare pour un ouvrage de cette importance, l'est plus encore lorsqu'il s'agit de la première œuvre dramatique d'un compositeur, de quelque talent que celui-ci ait pu d'ailleurs faire preuve jusqu'alors en dehors de la scène.

IV

Un résultat aussi heureux ne pouvait qu'encourager Wallace, qui, de fait, se remit au travail avec une nouvelle ardeur. Un second collaborateur, M. Bunn, se présenta à lui et lui offrit le livret d'un opéra intitulé *Matilda of Hungary*, qu'il eut malheureusement le tort d'accepter, car ce livret, lourd, trivial, sans intérêt et du plus mauvais goût, devait forcément porter tort à la musique, quelque valeur que celle-ci pût avoir. L'ouvrage fut représenté en 1847, et n'eut, grâce aux défauts de ce poëme pitoyable, que ce que nous appelons en France un succès d'estime. La partition pourtant était fort belle, donnait la preuve, tant dans l'ensemble que dans les détails, d'un mérite supérieur, et, si le compositeur porta devant le public le poids des fautes de son collaborateur, les rares écrivains spéciaux de l'Angleterre s'accordèrent néanmoins à donner les preuves d'une admiration complète pour la nouvelle œuvre du grand musicien. Il est certain que la manière de celui-ci avait éprouvé un profond changement, et que ce second opéra accusait dans son style un immense progrès.

Ce qui est incontestable, c'est que la partition de *Matilda of Hungary* mit définitivement Wallace en pleine lumière et le plaça hors de pair, l'élevant au-dessus de tous les compositeurs ses compatriotes. Presque aussitôt les représentations de cet ouvrage, il reçut l'invitation de se rendre à Vienne pour y diriger les études de *Maritana*, que l'on se préparait à monter sur l'un des grands théâtres de cette ville. C'est là un honneur qui eût pu rendre aisément jaloux plus d'un de ses confrères. Flatté d'une telle distinction, Wallace partit en toute hâte et se rendit dans la capitale de l'Autriche, où son ouvrage, monté d'une façon exceptionnelle et admirablement joué, fut reçu avec un enthousiasme plus vif encore que celui qui l'avait accueilli à Londres, dans la patrie de l'auteur. Il y fut représenté quatre ou cinq fois par semaine pendant plusieurs mois, et, de là, rayonna sur toute l'Allemagne, où il faisait littéralement fureur. Peindre le bonheur que Wallace éprouva d'un pareil succès serait chose superflue, et d'ailleurs fort difficile. Toujours est-il qu'il conserva toute sa vie une reconnaissance profonde de l'accueil que le peuple allemand lui avait fait en cette occasion, et il est vrai de dire que peu de compositeurs ont été l'objet d'attentions aussi nombreuses et aussi délicates. Il n'était pas rare, dans les excursions que Wallace faisait de ville en ville, croyant être parfaitement inconnu, qu'il fût réveillé, au milieu de la nuit silencieuse, par une sérénade dans laquelle il entendait exécuter les plus beaux fragments de ses opéras. On comprend, avec sa nature affectueuse et tendre, les jouissances que de tels faits pouvaient lui procurer.

Aussi prit-il la résolution de demeurer quelque temps dans ce pays, où il était ainsi fêté, choyé, caressé, et son séjour dans la patrie de Jean-Sébastien Bach, de Handel, de Gluck, de Haydn, de Mozart, de Beethoven, de Weber et de Meyerbeer, fut loin d'être sans influence sur la suite de sa carrière. Il se mit à travailler assidûment, à étudier, tout comme un écolier et avec la modestie qui sied aux grandes intelligences, les œuvres sublimes de tous ces grands musiciens, cherchant à se pénétrer de leur génie, à s'assimiler leurs puissantes qualités. C'est en Allemagne, où son collaborateur Fitz-Ball lui en avait envoyé le poëme, que, sous l'impression de ces études et de ses fructueuses méditations sur son art, il écrivit la plus grande partie de sa partition de *Lurline*, qui est généralement considérée comme son chef-d'œuvre, bien que Wallace lui-même préférât à cet ouvrage celui intitulé *la Sorcière d'Ambre*.

Enfin, il se décida, malgré de sincères regrets, à quitter une contrée qui lui avait été si hospitalière, et à rentrer en Angleterre; mais il ne fit pour ainsi dire que toucher barre à Londres, et s'en vint presque aussitôt à Paris, où il se lia avec nos meilleurs compositeurs. Le but suprême de son ambition était de se faire connaître au public français, à ce public dont, quoi qu'on puisse dire, l'opinion fait toujours loi en matière d'art et de bon goût, et son plus grand désir était d'écrire un ouvrage pour l'Opéra. Des négociations, paraît-il, furent entamées à ce sujet et menées assez heureusement pour que Wallace, au bout de peu de temps, se vît au comble de ses vœux : un poëme lui avait été confié pour notre première scène lyrique. Il se mit immédiatement au travail, mais à peine avait-il écrit les premières notes de son ouvrage qu'il fut arrêté par un événement fatal : ses yeux étaient attaqués par une ophthalmie d'un caractère extrêmement grave, et il devint presque absolument aveugle.

Malgré les soins assidus d'un de nos meilleurs praticiens, la maladie ne voulait pas céder ; les jours succédaient aux jours, les semaines aux semaines, les mois aux mois, et le pauvre grand artiste ne sentait aucune amélioration dans son état. On se figure aisément l'anxiété, les angoisses, l'effroyable douleur morale auxquelles il fut en proie pendant cette triste période de son existence. A bout de moyens, on lui conseilla un long voyage en mer, seul espoir qui restât d'une guérison problématique.

Voilà donc Wallace de nouveau courant le monde, mais cette fois contre son gré et, on peut le dire, à contre-cœur. Il s'embarque dans un de nos ports de la Manche et arrive à Rio-Janeiro dans le commencement de 1849. Le voyage, heureusement, eut un résultat favorable, et il guérit de sa cécité.

Wallace resta environ huit mois au Brésil, donnant de fréquents concerts et se faisant souvent entendre à la cour, devant l'empereur, qui lui remit un jour de sa main, comme marque du plaisir qu'il lui avait procuré, une superbe bague en diamants. En quittant Rio, il visita la Nouvelle-Orléans, où il donna aussi plusieurs concerts, en compagnie de M. Strakosch, le beau-frère de Mlle Adelina Patti, et où il retrouva les magnifiques succès qu'une première fois il avait remportés dans cette ville. De la Nouvelle-Orléans, traversant l'Ouest, il se rendit à New-York, où il arriva dans le courant de 1850, après avoir échappé comme par miracle à la mort, pour la dixième fois peut-être, par suite de l'explosion de la machine du paquebot le *Saint-Louis*, sur lequel il se trouvait.

Dès son entrée à New-York, Wallace fit à l'autorité la déclaration de son intention formelle de devenir citoyen américain et de se faire naturaliser, projet qui fut promptement réalisé par lui. Ceci fait, et tout en se préparant à travailler sur de nouveaux frais et en ébauchant plusieurs opéras dont il avait les poëmes, il plaça une partie considérable de ses épargnes dans une maison qui s'occupait de la fabrication des pianos, spéculation qui eut pour lui le résultat le plus désastreux. Les artistes sont généralement peu chanceux lorsqu'ils veulent se mêler d'affaires commerciales, auxquelles leur genre de vie et leurs aspirations naturelles les empêchent de rien comprendre. Wallace l'éprouvait d'une façon cruelle, mais cette leçon ne lui suffit pas, et, s'étant de nouveau engagé dans une manufacture de tabacs, il y perdit à peu près le peu qui lui restait.

C'était en 1852. Il recommença alors son existence de virtuose, et donna à New-York une série de concerts qui le récupérèrent un peu de ses pertes. Il joua une dernière fois en cette ville au bénéfice de sa sœur, Mme Bouchelle, et exécuta dans cette soirée, d'abord sur le piano sa fameuse *Cracovienne* et sa *Polka Bravura*, puis sur le violon un solo de sa composition. Dans le même temps il conclut un traité par lequel il cédait aux éditeurs Hall et Son le droit exclusif de publier ses ouvrages en Amérique. Un certain nombre de morceaux et de romances avaient été écrits par lui avant ce traité et publiés dans ce pays, sans qu'il en reçût aucune espèce de rémunération, outre la perte qu'entraînait cette publication de ses droits en Angleterre.

Il revint à Londres peu de temps après, et c'est à partir de son retour en Angleterre jusqu'en 1860, époque de la représentation en cette ville de son opéra de *Lurline* (lequel fut représenté pour la première fois en Allemagne, sous le titre de *Loreley*, en 1854), que Wallace composa et publia la plus grande partie de ses nombreux morceaux de piano, morceaux qui, malgré leur importance relativement minime, n'en révèlent pas moins la main d'un maître, et qui ne contribuèrent pas peu à étendre et à consolider sa réputation parmi ses compatriotes. Ces compositions, qui se distinguaient surtout par l'éclat, l'élégance et l'originalité, détrônèrent complétement les menuets, rondos et autres morceaux rococos qui, depuis tant d'années, faisaient les délices des jeunes filles anglaises et l'ornement de tous les pianos; elles obtinrent un immense succès, et l'on cite comme l'un des meilleurs échantillons de son style en ce genre de musique la célèbre *Cracovienne* dont j'ai déjà parlé. C'est dans le même temps qu'il écrivit, sur des paroles de M. Joseph-Edward Carpenter, une grande cantate qui n'a jamais été exécutée.

Lorsque *Lurline* fut représentée à Londres, par la compagnie que dirigeaient le chanteur Harrisson et la célèbre cantatrice miss Pyne, son succès fut plus grand encore que celui qui avait accueilli *Maritana*, et plaça Wallace dans un rang distingué parmi les musiciens qui ont illustré le dix-neuvième siècle. La sensation produite en Angleterre par l'apparition de ce très-remarquable ouvrage, que j'analyserai un peu plus loin, fut immense, on peut le dire, et ses beautés nombreuses et supérieures étonnèrent ceux-là même qui avaient montré le plus de foi en l'avenir du compositeur.

Il s'était engagé envers un éditeur à écrire un opéra sur un livret de M. Carpenter; mais cet ouvrage, *the King's Page* (*le Page du Roi*), ébauché par lui, ne fut jamais terminé. Il composa, à la même époque, une série de romances qui furent publiées par les éditeurs Duff et Hodgson, puis il s'occupa avec une ardeur toute juvénile de son opéra *Amber Witch* (*la Sorcière d'Ambre ?*) qui fut représenté en 1861. Cet ouvrage est le plus travaillé de tous ceux qu'il a écrits, celui qui lui a coûté le plus de peines et de soins, et peut-être est-ce pour cette raison que, bien que ce ne soit pas le meilleur sorti de sa plume, celui-ci fut l'objet de sa plus tendre affection. Je ne veux pas dire que *Amber Witch* fût sans valeur; bien loin de là. Mais le style en était plus tourmenté que celui de ses autres œuvres; Wallace, en l'écrivant, était sous l'impression des théories dangereuses d'un musicien très-remarquable, mais sujet à divagations, — j'ai nommé M. Richard Wagner, — et si l'on ajoute que le sujet du livret sur lequel il avait travaillé n'était pas sympathique au public, on n'aura pas de peine à comprendre l'accueil froid et réservé qui fut fait à cet ouvrage. On croit cependant que c'est le travail excessif que lui coûta cet opéra malheureux qui influa fatalement sur la santé de Wallace, et détermina le retour de la maladie qui le conduisit au tombeau.

Cependant il donna encore, à la fin de 1862, *Love's Triumph* (*le Triomphe de l'Amour*), et, le 12 octobre 1863, *the Desert Flower* (*la Fleur du Désert*), qui fut le dernier de ses ouvrages représentés. Tous deux obtinrent un véritable et légitime succès.

V

Dès 1854, Wallace avait été attaqué de la terrible maladie qui devait l'emporter après l'avoir fait dépérir peu à peu et lui avoir causé des souffrances inouïes, maladie qui n'était autre qu'une décomposition huileuse du cœur. A cette époque, il avait été condamné par les médecins, et, chose singulière, ceux-ci s'étant trompés sur la cause de ses souffrances, Wallace fut sauvé cette fois par un traitement ordonné en vue de combattre une autre maladie que celle dont il éprouvait les symptômes. — O Molière, n'as-tu donc pas tout dit ?

Après la représentation de *the Desert Flower*, il était venu en France, lorsqu'il sentit de nouveau les attaques de son mal. Il retourna à Londres, où il se logea dans Stratton-street (Piccadilly); c'était au printemps de 1864. Au mois de juin suivant, il alla par mer de Londres à Boulogne, et ce voyage désastreux eut pour effet d'augmenter d'une façon terrible sa maladie, dont la véritable nature n'avait jusqu'alors été soupçonnée par personne. Il débarqua mourant, et un docteur français, du nom de Martin, fut appelé à lui donner ses soins. Celui-ci découvrit le premier que le mal était causé par une dégénération du cœur, et prescrivit un traitement qui fut approuvé par plusieurs autres médecins appelés en consultation. Wallace, faible au delà de toute expression, fut cependant amené à Passy, près de Paris, où le docteur Bouillaud fut chargé de le soigner.

Vers la Noël de 1864, l'opération de la ponction, pratiquée sur le pauvre artiste, fut loin de réussir; cependant, le traitement du docteur Bouillaud avait eu pour effet de permettre à l'infortuné Wallace de quitter le lit de temps à autre, et de faire quelques promenades sur le boulevard, aux environs de chez lui. Mais une nouvelle attaque qui survint l'accabla de nouveau, et l'on peut dire que depuis lors il ne se releva plus jamais.

On le transporta dans une maison située rue du Vingt-neuf-Juillet, dont il habitait le rez-de-chaussée. Il était toujours couché, et le moindre effort qu'il faisait pour essayer de s'asseoir sur son lit était suivi de crises d'étouffements. Ses traits étaient complétement altérés, bouleversés, pourrait-on dire, et il eût été impossible à ceux qui l'avaient vu jadis de reconnaître ce spectre vivant. La vue de ses souffrances et de cet affaiblissement graduel était un spectacle vraiment désolant. Bien qu'à peine il eût atteint cinquante ans, il avait tout l'aspect d'un vieillard, et son visage blême, son pauvre corps amaigri, ses cheveux et sa barbe blancs comme neige, lui auraient fait donner moitié plus que son âge. Son esprit pourtant ne le quitta jamais, non plus que sa douce affabilité, et il recevait toujours avec une tendre gratitude ceux de ses amis qui voulaient bien lui rendre visite.

Il continuait d'aimer à entendre parler de l'art qui avait fait le bonheur de toute sa vie, lors même qu'il lui était impossible de prendre part à la conversation. Dès que la partition de *l'Africaine* eut été publiée, il demanda à la voir; mais, hélas! ses pauvres mains débiles étaient dans l'impossibilité la plus complète de soulever le lourd volume; il fallut dépecer celui-ci et le lui donner cahier par cahier. Ainsi seulement il put lire l'ouvrage en entier; il l'examinait avec la plus grande attention, l'analysant mesure par mesure, critiquant avec la plus grande sagacité, et donnant son approbation aux passages qui lui paraissaient les mieux réussis (1).

Cependant, on le transporta de nouveau à Passy, au rez-de-chaussée d'une petite maison dont les fenêtres donnaient sur un jardin planté d'arbres; la vue de ces arbustes égayait un peu

---

(1) A la mort de Meyerbeer, et alors qu'on ne savait pas encore si *l'Africaine* pourrait être représentée, il fut question, dans le cas où cet ouvrage ne pourrait voir le jour, de le remplacer à l'Opéra par une traduction du chef-d'œuvre de Wallace, *Lurline*. On devine la joie qu'une nouvelle de ce genre, même aussi problématique, put causer au cher malade!

l'humeur de l'infortuné malade, duquel la vie se détachait chaque jour. Il reçut là des visites assez nombreuses : celles de Rossini, qui était son voisin, celles de Thalberg et de quelques-uns de ses compatriotes, avec lesquels il était lié depuis longues années : M. Osborne, le célèbre pianiste, M. Farnie, le librettiste, et d'autres encore. Il aimait à s'entretenir avec ces bons amis de toutes les questions qui intéressaient son art chéri, se faisait mettre par eux au courant de toutes les nouvelles musicales, et attendait avec impatience, chaque semaine, le jour où il devait recevoir les journaux spéciaux qui lui étaient envoyés d'Angleterre.

Malgré les soins qui lui étaient prodigués, malgré le dévouement admirable et sans bornes d'une épouse bien-aimée (Mme Wallace ne quittait son mari ni jour ni nuit, ne se couchant jamais et reposant seulement de temps à autre sur un fauteuil), le malade ne se remettait pas, et la maladie s'emparait de lui chaque jour davantage, marchant à son terme avec une fatalité implacable. En désespoir de cause, le docteur Bouillaud, dans le seul but de retarder autant que possible son dénoûment inévitable, conseilla un voyage vers une contrée plus clémente, un climat plus doux et plus sain que celui de Paris. Vers le milieu du mois de septembre dernier, Wallace fut donc transporté, sans quitter le lit une seule minute, au château de Bagen, résidence d'un de ses amis, dans la Haute-Garonne.

Une fois là, le grand artiste ne fit plus que décliner, et il ne fut plus possible de douter que ses longues souffrances arriveraient bientôt à leur terme. Son neveu, M. J. B. Bouchelle, appelé pour le voir une dernière fois, arriva juste à temps pour recevoir son dernier soupir : Wallace mourut tranquillement le 12 octobre, laissant une veuve désolée et deux fils, Clarence et Vincent, âgés l'un de treize ans, l'autre de onze, tous deux élèves du Conservatoire de Paris.

Ses restes mortels furent transportés à Londres, où, le lundi 23 octobre, par un temps triste et sombre qui semblait approprié à la circonstance, eurent lieu ses funérailles. Le corps avait été déposé dans la maison de M. Wood, l'un des meilleurs et des plus fidèles amis de Wallace, dans Harley street, et c'est de là que le cortége funèbre, conduit par les deux jeunes fils et le neveu du défunt, se mit en marche pour Kensal-Green, où il devait être inhumé. Tout ce que l'Angleterre compte d'artistes éminents s'était fait un devoir d'accompagner le grand musicien jusqu'à sa dernière demeure, et parmi ceux qui avaient tenu à rendre à leur illustre confrère ce triste et suprême hommage, on remarquait MM. William Sterndale Bennett, Jules Benedict, John Macfarren, Brinley Richards, Henry Smart, Arthur Sullivan, Osborne, Henry Leslie, etc., etc.; on y voyait aussi beaucoup d'artistes étrangers, parmi lesquels MM. Adolfo Ferrari et Lablache; des éditeurs de musique, MM. Robert Cooks, Chappell et autres; enfin tous les nombreux amis de Wallace, et à leur tête MM. Wood et Farnie, ce dernier, librettiste très-fécond et l'un de ses collaborateurs.

La tombe de Wallace, placée dans Kensal Green, auprès de celle de Tom Hood, porte cette simple inscription :

Vincent Wallace, died 12th october 1865,
in his fiftieth year (1).

VI

Après avoir montré l'homme, après avoir tracé à grands traits l'histoire de sa vie parfois singulière, souvent courageuse, toujours honnête, je voudrais faire connaître l'artiste et essayer de faire aimer ses œuvres comme j'ai tâché de faire estimer son caractère.

Ceci ne sera pas la partie la moins difficile ni la moins délicate de ma tâche. Wallace n'est absolument connu que de nom en France, et bien peu connu. Jamais un de ses opéras n'y a été représenté, et l'on n'y peut parler, *de auditu*, que de l'ouverture de *Loreley*, exécutée depuis deux années aux Concerts populaires, et de celle de *Maritana*, que l'orchestre du Casino nous fait entendre parfois. La Société des Concerts du Conservatoire, qui devrait se donner pour mission non point seulement de nous rappeler les chefs-d'œuvre du passé, mais de nous faire

---

(1) « Vincent Wallace, mort le 12 octobre 1865, dans sa cinquantième année. »

connaître, par leurs fragments les plus remarquables et les plus élevés, toutes les productions recommandables de l'Europe musicale moderne à mesure que chacune d'elles acquiert une véritable célébrité, néglige complétement et de parti pris cette partie importante du rôle qu'elle devrait jouer dans le monde artistique, et, se bornant à être exclusivement conservatrice, se refuse absolument à toute initiative. Il en résulte, pour tous ceux des Français — et ils sont nombreux — qui ne peuvent passer leur temps en voyage et aller s'enquérir par eux-mêmes des faits intéressants qui se produisent à l'étranger, une ignorance complète de la marche de l'art en dehors de nos frontières. Qu'est-ce que Marschner, qu'est-ce que Nicolaï, qu'est-ce que Wallace, qu'est-ce que MM. Niels Gade, Rubinstein et tant d'autres, dont les productions sont acclamées ailleurs, tandis qu'ici nous en entendons à peine parler de temps à autre par les journaux spéciaux ? Allez le demander à messieurs du Conservatoire, et ceux-ci vous répondront.

En attendant, je suis, je le répète, fort embarrassé. J'aurais voulu, je veux tracer une analyse aussi complète, aussi exacte que possible, de l'un des opéras de Wallace, afin de donner une idée suffisamment précise, quoique restreinte à une seule œuvre, de la valeur de cet artiste et des particularités de son génie. J'ai choisi pour cela la partition de *Lurline*, parce que c'est celle à laquelle les connaisseurs s'accordent à reconnaître les qualités les plus nombreuses et les plus variées. Mais je dois avouer avant tout, d'une part, que je n'ai jamais entendu *Lurline*, que je ne puis par conséquent me rendre un compte exact de l'effet que la musique de cet ouvrage peut produire à la scène; d'autre part, que je ne possède même, pour accomplir la tâche que je me suis imposée, qu'une simple partition au piano.

Je sais aussi bien que personne et par expérience que, pour un œil un peu exercé, les dessins d'orchestre se révèlent parfois avec une grande transparence sous le vêtement un peu clair, mais très-ajusté, de l'accompagnement du piano. Il n'en est pas moins vrai qu'une foule de détails vous échappent dans de telles conditions, et que l'analyse, la dissection, si l'on veut, ne peut être qu'incomplète. Ce qui m'encourage pourtant, c'est que, vu la difficulté même de l'opération à laquelle je vais me livrer et l'insuffisance des pièces qui vont me servir à juger le procès, comme la partition de *Lurline* m'a paru extrêmement remarquable et que la louange sera souvent au bout de ma plume, il sera impossible de me taxer d'exagération, et que je resterai, dans l'expression de mon sentiment, plutôt en deçà que je n'irai au delà de la vérité.

Le poëme de *Lurline* a pour sujet l'éternelle ballade de la Fée du Rhin, dont on a tant abusé au théâtre. Un jeune seigneur de mœurs dissolues, le comte Rodolphe, veut « faire une fin, » et demande la main de la jeune Ghiva, fille d'un baron, son voisin. Le fiancé et son futur beau-père espèrent mutuellement, par cette alliance, réparer leur fortune délabrée. Mais, tous deux se devinant, tout projet de mariage est rompu. Cependant, Lurline, la fée du Rhin, qui, par ses chants et les sons de sa harpe, conduit à leur perte les navires qui se hasardent sur le fleuve, s'est éprise du jeune comte; elle se présente à lui au milieu d'un banquet qu'il donne à ses amis (il n'y a que les fées pour en agir ainsi!), lui passe au doigt un anneau magique, et disparaît. On devine le reste : Rodolphe, au milieu d'une partie de plaisir, tombe dans le Rhin, au fond de la grotte de corail habitée par Lurline et ses Nymphes, et n'y périt point, grâce au charme attaché à son anneau; il répond à l'amour de Lurline, et serait parfaitement heureux s'il n'était pris tout à coup d'un violent désir de revoir la terre. Sa maîtresse lui accorde trois jours de liberté, mais, les trois jours écoulés, il ne se souvient plus de la promesse qu'il lui a faite de retourner auprès d'elle. Lurline, désespérée, folle de rage et de douleur, veut alors se venger par la mort du traître; mais elle découvre que celui-ci l'aime encore, elle s'apaise, lui pardonne, et... tout finit par des chansons.

Tel est le sujet banal et poncif sur lequel Wallace a dû jeter ses inspirations; cependant, comme, quelque usé qu'il soit et combien que nous en ayons été rebattus, il ne manque ni de grandeur ni de grâce, ni de charme ni de poésie, comme, en outre, il est éminemment favorable à la musique, il ne faut pas encore trop plaindre le compositeur du peu de frais d'imagination qu'a faits son poëte pour le satisfaire. D'ailleurs, ce sont là des sujets qui plaisent toujours à la foule, si facilement accessible au merveilleux ; la première condition, au théâtre, étant de plaire au grand nombre, le but principal était atteint quant à ce qui concernait le librettiste. Nous allons voir maintenant comment le musicien, de son côté, s'est acquitté de sa tâche.

L'ouverture de *Lurline* (*Loreley*), le seul fragment, je l'ai dit, exécuté en France de Wallace, est une page héroïque ; la noblesse et le sentiment chevaleresque y dominent d'un bout à l'autre, et l'on sent que le compositeur, en l'écrivant — principalement en ce qui concerne l'introduction — était sous l'impression du génie immense de Weber et de sa splendeur lumineuse. Il y a là-dedans comme un reflet de la grandeur d'*Oberon* et de sa puissance fascinatrice. Cette ouverture est modulée avec une rare habileté, instrumentée avec éclat, et solidement construite. C'est le brillant pérystile d'un majestueux édifice.

Je passe sur l'introduction scénique — dont le prélude instrumental pourtant est plein de poésie — pour signaler tout d'abord le joli chœur des Naïades,

Hark ! Hark ! the king advanceth

dont la seconde partie surtout est charmante. La première romance de Lurline,

Flow on, oh ! silver Rhine...

est d'un caractère à la fois touchant, passionné et mélancolique, mais celle qui la suit, placée aussi dans la bouche de Lurline, est une inspiration d'un ordre tout à fait supérieur ; cette romance, qui commence par ce vers :

When the night winds sweep the wave...

est écrite dans la tonalité de *la* mineur : l'allure languissante, rêveuse et pour ainsi dire voilée de la mélodie, la douceur et la fluidité des modulations, la texture ondoyante et le rhythme obstiné de l'accompagnement, auquel un caractère chromatique persistant et les liaisons continuelles des notes entre elles donnent comme le sentiment du murmure des eaux et de leur molle rapidité, tout cela présente un ensemble parfait d'éléments particuliers et on ne peut mieux en situation, qui doit saisir, impressionner profondément l'auditeur, et le jeter dans une sorte d'extase et de délicieuse rêverie.

Le chœur des fées et des esprits du Rhin :

Sail! sail! on the midnight gale...

a de l'éclat et de bonnes qualités, mais ne ressort pas autrement et manque d'originalité. Quant au duo entre Ghiva et son père,

Oh! Rudolph...

c'est l'un des morceaux de facture les plus charmants et les mieux réussis que l'on puisse trouver : il est construit à l'italienne, sur un dessin instrumental qui lui sert de base et de pivot, dessin travaillé avec un art exquis, pris, abandonné, repris, tantôt par fragments, tantôt dans son entier, toujours dans une tonalité nouvelle, parfois disparaissant complètement, puis revenant d'une façon fugitive et comme pour faire désirer davantage son retour définitif, qui s'effectue enfin pour amener une strette vive, entraînante et très-serrée. Les morceaux de ce genre ne manquent jamais leur but lorsqu'ils sont bien conduits; l'effet de celui-ci doit être irrésistible.

Le petit trio dialogué qui suit, entre Ghiva, le baron et Rodolphe, manque peut-être d'originalité dans le dessin mélodique, mais n'en est pas moins rempli de délicatesse, d'élégance et de légèreté. Il me paraît proche parent du délicieux *terzetto* du troisième acte du *Pré aux Clercs*, si fréquemment, et parfois si maladroitement imité.

Le chant bachique,

Drain the cup of pleasure...

est plein de mouvement, bien qu'écrit dans un style large et en quelque sorte majestueux, qui contraste vivement avec les deux morceaux précédents.

Je passe sous silence celui qui vient ensuite, ainsi que la barcarolle, laquelle a pourtant de la grâce et de la fraîcheur, pour signaler le finale de ce premier acte, dans lequel se reproduit la jolie mélodie de la première romance de Lurline, mais qui, à part ses qualités très-réelles d'ampleur et de sonorité, ne présente rien de saillant ni de particulièrement remarquable, et n'a pas d'ailleurs les développements que l'on est habitué de trouver dans les morceaux de ce genre.

Le chœur des esprits, à l'entrée du second acte,

Behold! Behold!

est bien rhythmé, d'une allure franche et d'une forme heureuse; mais celui qui vient ensuite, et qu'accompagne le ballet, est de tout point charmant : c'est un de ces airs de danse légers, vaporeux, fluides, pleins de grâce, d'élégance et de délicatesse, comme Hérold et M. Auber en ont tant écrits.

L'invocation à Lurline,

Sweet form, that in my dreamy gaze...

chantée par Rodolphe lorsque, plongé dans le Rhin par le pouvoir de l'enchanteresse, il pénètre dans la grotte habitée par elle, n'est pas, à proprement parler, un air, ainsi que le dit la partition; c'est une longue mélodie à trois temps, en *si* bémol, d'un seul et même mouvement, qui conserve d'un bout à l'autre le même caractère, et respire une sorte de placidité dans la passion qu'elle exprime. Mais de ce chant onctueux et caressant, de cette mélopée vaporeuse et largement phrasée, aux contours amoureusement arrondis, de ces accents émus, pleins d'une molle et douce langueur, s'échappe comme une sorte de parfum sous-marin, d'arome pénétrant, mélange exquis qui semble donner aux sens l'idée de la limpidité, de la transparence et de la fraîcheur des ondes.

Le petit rondo chanté par Lurline n'est que de minime importance, et le trio avec chœur, qui suit, n'en a pas beaucoup plus; mais les couplets du gnome (*Drinking song*) sont pleins de caractère, d'une rare franchise de rhythme et d'une allure originale et fantasque.

La ballade, *Gentle troubadour*, chantée par Ghiva, est parfaitement dans le style de ces sortes de morceaux, mais je serais étonné si elle n'avait été inspirée par certain motif de *Zampa*, qui se sera peut-être présenté à l'esprit du compositeur sans que celui-ci ait eu conscience de ses souvenirs.

Je ne m'arrêterai pas sur le chœur qui vient ensuite, non plus que sur la ballade du *Roi du Rhin*, lesquels ne me paraissent pas d'un grand intérêt, mais j'appellerai l'attention sur le bel *Ave Maria* chanté par le chœur des compagnons de Rodolphe et entrecoupé par quelques vers placés dans la bouche de celui-ci : c'est là une belle, noble et large inspiration, pleine de majesté, d'accent et de grandeur; les voix y sont merveilleusement disposées, échelonnées avec art, et le style de cette page solennelle et sévère ne laisse rien à désirer.

Le finale du second acte, formé de la scène dans laquelle Rodolphe se sépare de Lurline pour remonter sur la terre, est divisé en deux parties, dont la première s'ouvre par une large et belle phrase mélodique entonnée par le Rhineberg (Roi du Rhin), suivie d'une autre chantée par Lurline; bientôt la tonalité mineure adoptée dès les premières mesures fait place à la tonalité majeure, sur laquelle s'entame un ensemble pris d'abord à *mezza voce*, chaque partie entrant successivement, ensemble dont le thème est un noble et pompeux motif qui, de gradation en gradation, atteint les dernières limites de la sonorité, et vient se couronner par un *tutti* magnifique et resplendissant, dont l'effet doit être indescriptible. En cette occasion, Wallace, on le voit, s'est inspiré des maîtres italiens, et a employé le système si souvent mis en œuvre par Rossini, Bellini, Donizetti et Verdi, et auquel nous devons les pages éclatantes, les épisodes sublimes que chacun admire dans *Moïse*, dans *la Sonnambula*, dans *Norma*, dans *Lucia*, dans *Poliuto*, dans *Ernani*, et dans la plupart des grands chefs-d'œuvre de l'école italienne moderne. Mais là où un artiste ordinaire eût échoué, Wallace est resté vainqueur, et le magnifique finale du second acte de *Lurline*, — qui n'est point d'ailleurs, il faut le proclamer, une imitation, mais bien le résultat de la compréhension intime du grand style musical ultramontain, — restera certainement et comptera dans l'avenir pour l'un des plus beaux spécimens de l'art du dix-neuvième siècle.

L'introduction instrumentale qui ouvre le troisième acte est remarquable par le caractère mélancolique dont elle est empreinte. Je ne m'appesantirai pas sur la ballade de Rodolphe, *My home!* mais je signalerai particulièrement le morceau d'ensemble avec chœur chanté par Ghiva, Rodolphe, le baron et le gnome, qui me semble digne des louanges les plus sincères, si toutefois les amateurs de la mélodie quand même veulent bien pour un instant se placer au point de vue du drame et des exigences scéniques. Quant au duo entre Ghiva et Rodolphe qui vient ensuite, c'est un morceau à la fois élégant et passionné, dans lequel l'orchestre, surtout en ce qui concerne les violons, joue un rôle fort important, et où l'auteur, tout en conservant sa personnalité, a su mettre à profit les excellents modèles laissés en ce genre par Donizetti.

Le grand air dramatique de Lurline,

Sad as my soul...

est un épisode pathétique, entraînant, passionné, qui renferme des beautés d'un ordre supérieur ; les tons en sont très-variés, le style plein d'ampleur, et les effets y vont sans cesse grandissant, pour arriver à l'un des mouvements de passion les plus grandioses que la scène lyrique ait jamais produits. Autant qu'on peut juger, par la seule lecture, d'un morceau de ce genre, il me semble que celui-ci est l'une des pages les plus magnifiques qui aient été écrites dans cet ordre d'idées, et qu'il est difficile, en musique, d'atteindre plus haut dans l'expression suprême de l'amour.

Je glisse sur la petite scène qui suit, pour donner tous les éloges qu'il mérite au charmant quatuor sans accompagnement écrit sur ces quatre vers :

Though the world with transport bless me,
Love requited tho' I find,
Not one heart can e'er possess me,
Dearer than I leave behind.

mélancolie, grâce, charme, distinction, harmonie des voix, ce quatuor renferme toutes les qualités nécessaires pour en faire un morceau charmant.

Fort joli aussi et très-élégant est l'air de ballet en *ré* majeur qui accompagne le chœur; il est plein de grâce et de gentillesse, et se termine *smorzando* et *morendo*, comme l'air de ballet du second acte du *Pré aux Clercs;* comme lui aussi, sa conclusion se formule par de petits fragments du thème principal, distribués successivement entre les divers instruments de l'orchestre.

Tout cela cependant est surpassé par le magnifique duo dans lequel Lurline vient reprocher à son amant la trahison dont il s'est rendu coupable. La colère de Lurline, le désespoir de Rodolphe qui, dans sa douleur de ne se croire plus aimé de sa maîtresse, veut se tuer à ses pieds, l'attendrissemement de celle-ci en présence de preuves non équivoques d'amour, le pardon qu'elle accorde à l'infidèle, enfin l'élan final de la tendresse des deux amants, heureux de se retrouver tels qu'ils étaient jadis, tout cela a été merveilleusement exprimé par le compositeur dans cette page saisissante, grandiose et passionnée. La scène est très-belle, et la variété des sentiments divers qui y ont été très-habilement groupés par le poëte a on ne peut mieux inspiré le musicien, qui, profitant des éléments mis à sa disposition, a chargé sa palette des couleurs les plus vives et les plus éclatantes, et a produit un véritable chef-d'œuvre. Le morceau est naturellement divisé en plusieurs épisodes, presque tous fort importants, et qui cependant ne se portent point tort mutuellement.

Dans le premier de ces épisodes, et à la suite d'une sorte d'introduction en récitatif mesuré, Rodolphe exprime son bonheur de revoir Lurline, qu'il croyait à jamais perdue pour lui; les dessins animés de l'orchestre, en cet endroit, témoignent de l'agitation qu'il éprouve, et indiquent, pour ainsi dire, la précipitation des battements de son cœur par un rhythme brisé et haletant, tandis que les sentiments divers dont son âme est agitée sont peints par des modulations fréquentes et ingénieusement combinées. Dans un second fragment, écrit sur un mouvement mesuré, et dont l'accompagnement instrumental a quelque chose de fatal par sa persistance même, Lurline accable son amant de sa colère et invoque la vengeance contre sa trahison; le quatuor instrumental, la partie des basses surtout, acquiert là une importance toute particulière. Rodolphe, brisé, anéanti, exhale alors sa douleur en un chant désespéré, et l'expression poignante, terrible, déchirante de ses accens, est faite pour impressionner étrangement l'auditeur. Mais bientôt, dans un tableau touchant, Lurline, apaisée par ses transports, lui apprend qu'elle l'aime encore, et lui accorde le pardon de ses erreurs. C'est alors que, dans une page fugitive, Rodolphe exprime la joie dont il est inondé, puis les voix des deux amants se réunissent dans un hymne amoureux plein de grandeur, de passion et d'une tendresse qui a quelque chose de céleste et d'extra-humain. Ce dernier et magnifique épisode est une des plus belles explosions d'amour que l'on puisse rencontrer au théâtre, et je ne sache rien de plus beau, de plus émouvant, de plus pathétique, que cette extase des deux amants,

We meet again, no more to part...

si sublime d'expression, accompagnée qu'elle est par la réunion de toutes les forces de l'orchestre en un ensemble éclatant et vigoureux. Je n'ai certainement pas trop dit, et je ne crains pas d'avoir exagéré en affirmant que ce morceau est un vrai chef-d'œuvre.

Je n'ai rien à dire du finale, dans lequel se trouve reproduit, modifié, considérablement ornementé, le texte musical de la jolie romance chantée au premier acte par Lurline,

Flow on, oh! silver Rhine...

et qui lui sert ici à exprimer la joie, le bonheur et l'allégresse qu'elle éprouve d'être enfin et pour toujours réunie à son amant. La toile tombe, et l'œuvre se termine sur les vocalises dont elle brode ce thème élégant et aimable.

Si j'ai été exact dans l'analyse détaillée que je viens de tracer de la partition de *Lurline*, quelques-uns peut-être en seront portés à conclure que c'est là une œuvre complète, tout à fait supérieure, et aussi près que possible de la perfection. Ceux-là, je dois le dire, tomberaient dans l'erreur, se méprendraient sur ma pensée, et exagéreraient la valeur de cette inspiration charmante, pleine de grâce, de poésie, d'élégance et de mélancolie, mais qui cependant n'est pas exempte de défauts et d'imperfections.

Si l'on se place au point de vue du beau absolu dans l'art, *Lurline*, considérée dans son ensemble, n'est certainement pas un chef d'œuvre, en dépit des merveilleuses qualités qu'y a déployées son auteur, et qui ne sauraient l'excuser d'un défaut capital : le manque d'unité. C'est, en effet, par l'unité que pèche cette œuvre adorable et charmante, si digne, à tous autres égards, de l'attention et de la sympathie de la critique.

Ce qui manque à la partition de *Lurline*, c'est une couleur *sui generis*, c'est un style personnel, voulu, énergique, aussi exact que la peinture des sentiments qu'elle exprime avec tant de bonheur. On y sent que l'auteur s'est nourri des sains préceptes de l'art, qu'il a été élevé à bonne école, qu'il a fréquenté assidûment les grands maîtres, et que, en éclectique intelligent, il a cherché à s'assimiler leurs plus puissantes, leurs meilleures qualités. Ces qualités, il les possède en effet, et il a su acquérir par le travail, par l'étude, celles que la nature ne lui avait pas accordées en partage. Il les déploie à chaque instant, pour le plus grand bien de son œuvre, dans laquelle elles viennent se fondre avec les fruits de son imagination. Que lui a-t-il donc manqué, avec de tels avantages, pour rendre cette œuvre parfaite et irréprochable, pour la placer complétement hors de pair? C'est ce que je veux essayer de faire comprendre.

Plusieurs fois, dans le cours de cette analyse, j'ai fait remarquer que Wallace procédait, en divers endroits, tantôt d'un maître, tantôt d'un autre. Il est évident pour moi, et il sera constant, je pense, pour tous ceux qui seront à même d'entendre *Lurline*, que Wallace avait le culte des grands artistes qui ont honoré l'école moderne dans les trois contrées musicales de l'Europe : l'Allemagne, l'Italie et la France, et que Weber, Meyerbeer, Rossini, Donizetti, Bellini, Hérold et M. Auber exerçaient sur son esprit une influence presque égale et l'inspiraient tour à tour.

Mais voilà justement où est le défaut de la cuirasse : ces grands musiciens l'inspiraient tour à tour, ai-je dit, et l'image de chacun d'eux passait successivement sous ses yeux lors de l'enfantement de sa partition. Le malheur, c'est qu'il n'ait pas su, — non point allier ensemble les procédés divers qu'il empruntait à chacun d'eux, ce ne serait pas là le mot juste, — mais coordonner ses souvenirs à mesure que ceux-ci se présentaient à lui, réunir en un faisceau lié à sa manière et à l'aide de ses idées propres les qualités qu'il lui plaisait de s'approprier, et, de ces éléments étrangers combinés savamment avec ses facultés natives, se former un style solide, personnel, *un*, sans disparates comme sans attaches visibles. Au lieu de cela, Wallace, — sans qu'on puisse jamais l'accuser d'imitation pure et servile, et tout en conservant souvent, comme dans l'admirable duo du troisième acte, le caractère essentiellement particulier à sa nature, — empruntait successivement à chacun des maîtres glorieux qui ont illustré ce siècle, soit la forme générale, soit tel ou tel détail, en les complétant il faut le dire, par sa propre inspiration, laquelle est toujours élevée, élégante, poétique, et revêt généralement le caractère de la spontanéité la plus complète. De cette façon de procéder naît tout naturellement une sorte de style composite, impersonnel, formé, si l'on peut dire, de pièces et de morceaux, et manquant d'originalité dans l'ensemble, bien que les détails en soient souvent remplis.

Que si, pourtant, on se place purement au point de vue du dilettantisme et de la sensibilité, en faisant abstraction de toute exigence relative à la perfection idéale et innée, *Lurline* reste, en somme, ce qu'elle doit être aux yeux de tout artiste amoureux de la forme et sincère en ses appréciations, de tout homme intelligent et accessible aux accents d'une passion vraie et noblement exprimée, — c'est-à-dire une œuvre extrêmement remarquable, sinon complète, élégante au suprême degré, parfaitement appropriée aux exigences de la scène, et, ainsi que je l'ai dit plus haut, pleine de grâce, de poésie et de mélancolie. Comme, après tout, il ne nous est donné que bien rarement d'assister à l'éclosion d'un de ces poëmes sublimes et incomparables tels que *Don Juan*, *Guillaume Tell* ou *les Huguenots*, comme, de plus, des qualités comme celles que je viens d'énumérer ne sont pas si communes qu'on en doive faire fi, celui qui les possédait devait s'estimer fort heureux de les avoir si bien employées au service d'une œuvre fort remarquable en somme, et qui n'en sera pas moins considérée comme l'une des manifestations les plus pures, les plus distinguées et les plus honorables de l'esprit humain.

VII

Après avoir fait connaître mon opinion personnelle sur l'une des œuvres les plus populaires et les plus importantes de Wallace, il me faut essayer de résumer le sentiment de ses compatriotes sur cet artiste très-distingué, et rapporter une partie de ce qui a été écrit à son sujet, dons son pays, depuis sa fin prématurée.

Voici, concernant *Matilda of Hungary*, ce qu'écrivait un de ses biographes : « Son second opéra, *Matilda of Hungary*, bien que le livret de Bunn fût mauvais, lourd et trivial, eut un succès distingué et mérita l'admiration des plus célèbres écrivains musicaux de l'Angleterre. Du premier au second opéra, la distance était énorme. Le novice avait disparu pour faire place au maître, qui apparaissait dans chaque mesure. La haute expression musicale qui distinguait l'ouvrage, sa grande variété, la convenance parfaite de chacun des caractères, le bonheur avec lequel les situations étaient rendues, une mélodie simple et exquise, une rare puissance dramatique, une instrumentation traitée d'une façon tout à fait supérieure et dont certains effets étaient d'une grande hardiesse, tout concourait à en faire une œuvre excellente, décelant un véritable génie. Par cette œuvre. Wallace prit une haute position dans le monde musical britannique, et se fit connaître comme le premier compositeur lyrique de l'Angleterre, si loin de tous les autres, qu'aucune compétition ne restait possible... »

Un autre écrivain, parlant de *la Sorcière d'Ambre* (*Amber Witch*), s'exprime ainsi au sujet du dernier acte : « La musique du dernier acte de *la Sorcière d'Ambre* est bien faite et mieux écrite que le reste de l'ouvrage ; mais le compositeur a pris son temps et ne s'est pas laissé entraîner un instant par le feu de l'inspiration. On aurait besoin d'un peu de l'inconscient (?) Meyerbeer, de quelque chose du mélancolique et fougueux Verdi. Au lieu de cela, on n'aperçoit qu'une sorte d'imitation du vieux Louis Spohr, on ne remarque qu'une froideur du genre de celle du Parisien Halévy. »

Passons sur la singularité du jugement de l'écrivain anglais en ce qui concerne Halévy, et voyons son opinion sur la Sorcière d'Ambre, considérée dans son ensemble : « L'opéra la Sorcière d'Ambre démontre que Wallace possédait un talent peu commun pour la composition dramatique, qu'il avait beaucoup étudié et que son jugement était sage... S'il n'est pas toujours nouveau, il est toujours gracieux ; s'il n'arrive jamais à l'élévation, il ne descend jamais non plus à la lourdeur absolue. Il sait toujours ce qu'il fait, et, en notre temps de tentatives empiriques, ceci n'est pas sans doute un mince mérite. La Sorcière d'Ambre augmenta la réputation bien méritée de son auteur, et nous inclinons à penser que le temps ne cassera pas le verdict général du public actuel. »

Voici maintenant quelques lignes d'un autre critique : « Wallace avait un amour inné de l'indépendance la plus complète en matière d'art ; il n'aimait point l'imitation et était porté à faire les choses suivant son sentiment propre. Mais dans son étude constante des chefs-d'œuvre français et allemands, dans ses efforts pour établir entre eux un parallèle, il réussit plutôt à se former le goût qu'à se créer véritablement un style. Son extrême sensibilité le rendait parfaitement apte à trouver l'originalité, et une prompte perception de la beauté en faisait un adorateur-né de cette divinité, quel que fût le sculpteur et quelles formes que revêtît la statue. Il ne trouva en Angleterre que peu ou point de paroles d'opéras qui convinssent à ses desseins, qui répondissent à ses intentions. En Allemagne, les expressions sont riches, en France elles sont surabondantes, et le style de Wallace, sa phrase mélodique, la marche même de son harmonie, peuvent être considérées comme la conséquence d'une lecture attentive et minutieuse des exemples les plus renommés parmi les productions continentales. »

Enfin sur la nature, non point du génie, mais de l'intelligence musicale de Wallace, sur ses aspirations particulières, sur le soin et la conscience qui présidaient à l'élaboration patiente et sage de ses travaux, je trouve les lignes suivantes :

« Wallace se trouvait de fait à la tête de tous les compositeurs modernes (ceux de l'Angleterre, bien entendu), et en même temps il se montrait le plus progressiste de tous. Il était quelque chose de plus qu'un prophète et un maître dans son art. Il mûrissait ses propres connaissances et son amour intuitif du progrès avec l'expérience de ce qui avait été fait avant lui ; c'était un *prêcheur*, un adepte de l'avenir, mais il étudiait le passé. Ses succès présents, les flatteries de ses amis, les récompenses légitimement acquises au mérite populaire, rien ne pouvait le détacher de cette humilité qui sied aux grandes intelligences, et qui leur est inspirée par la contemplation d'intelligences plus grandes encore.

« Quand Wallace venait de remporter un succès, il ne se représentait pas devant le public avec un essai plus faible, ainsi qu'il arrive si souvent, par suite de trop de confiance et de manque de soin, à ceux qui ont triomphé une première fois. Au contraire, il travaillait davantage encore et prenait son temps. Il eût pu laisser des œuvres plus nombreuses, mais elles seraient moins bonnes que celles qui nous restent de lui.

« Ainsi, avec le bruit des bravos qui résonnaient encore à ses oreilles, Wallace s'enfermait et se préparait silencieusement pour un nouvel effort ; mais, pour mener à bien l'œuvre que caressait alors son imagination, il comptait plus sur un travail assidu, sur une étude sévère, que sur une hâte trop confiante. La fin était digne des moyens. Il devint le chef avoué de ses contemporains, et il méritait ce titre non-seulement par la grandeur de son génie, mais aussi par la modestie qui doit toujours accompagner le vrai talent. »

La renommée de Wallace était telle en Angleterre, que ses compatriotes semblent abandonner complètement aujourd'hui l'espoir de voir se fonder dans leur pays un véritable opéra national. Dans une lettre signée Nicholas Lane et publiée par *the Musical World*, le correspondant de ce journal exprime à ce sujet des craintes qui ne semblent que trop fondées, et se demande ce que va devenir le drame lyrique anglais, aujourd'hui que Wallace est mort, et que M. Balfe, au faîte des honneurs, et déjà âgé d'ailleurs, ne produit plus et ne cherche qu'à jouir d'un repos que de nombreux travaux ont rendu légitime.

Sans vouloir rabaisser plus que de raison le mérite de M. Balfe, que le public français connaît par *le Puits d'Amour*, *les Quatre Fils Aymon* et *l'Étoile de Séville*, et qui s'est acquis une popularité exagérée en Angleterre à l'aide de plusieurs opéras, parmi lesquels je citerai *Falstaff*, *the Bohemian Girl*, *Satanella*, on peut dire qu'il est à Wallace à peu près ce qu'Adam est à Meyerbeer. Toute comparaison entre le talent de ces deux artistes est donc impossible, mais il n'en est pas moins vrai que M. Balfe, s'il consent à produire encore, restera seul sur la brèche, et que ni M. Sullivan, ni M. Henry Leslie, ni M. Macfarren, ni M. Adolphe Schlœsser, ni M. Benedict, ne sont en état de lutter avec lui. On est donc obligé de reconnaître que l'opéra national anglais est mort avec Wallace, qui, par quelques œuvres sérieuses et remarquables, avait seul pu faire croire un instant à sa viabilité. On ne peut que constater ce fait, et se demander, avec le correspondant du *Musical World*, « ce que vont faire maintenant les jeunes compositeurs qui prétendaient que la cause de leurs insuccès devait être attribuée au peu de valeur des livrets qui leur étaient confiés, à l'attitude hostile de la presse envers eux, à la mise en scène défectueuse de leurs ouvrages.... et qui s'excusaient de ne point faire de nouvelles tentatives, sous le prétexte que Balfe et Wallace exerçaient une sorte de monopole. »

L'opéra anglais est donc mort, et bien mort, je le crains ; il semble avoir disparu à jamais avec celui qui avait essayé de le créer. Mais comme, en matière d'art surtout, nous ne sommes nullement jaloux, vienne, par impossible, un grand compositeur de l'autre côté de la Manche, et nous serons des premiers à lui souhaiter longue et fructueuse carrière.

VIII

La fécondité de Wallace a quelque chose de véritablement prodigieux, et dénote chez ce grand compositeur une rare puissance de tempérament. En dehors des six opéras qu'il a fait représenter, et qui sont *Maritana*, — dont l'ouverture, selon l'heureuse expression dont se servit, en m'en parlant, un des admirateurs du génie de Wallace, est « l'ouverture-drapeau » de tous les grands festivals allemands. — *Mathilda of Hungary*, *Lurline*, *the Amber Witch*, *Love's Triumph* et *the Desert Flower*, il a laissé deux partitions complètement achevées, *the Maid of Zurich* et *Estrella*, et deux opéras italiens, dont plusieurs fragments ont été exécutés à Wiesbaden : *Gulnare* et *Olga*. L'opéra intitulé *Estrella*, dont M. Farnie a écrit le libretto, qu'il a tiré d'un sujet espagnol, est-il le même que les éditeurs Cramer et Byle annoncent, sous la simple appellation de « romantic opera, » comme devant paraître prochainement? Je ne sais.

Je ne parle pas d'un autre opéra, *the King's Page*, dont il avait seulement tracé le plan sur un livret de M. Carpenter, ni d'une cantate écrite sur des vers du même auteur et non exécutée, ni de la messe composée par lui à Mexico et qui n'a jamais été publiée, ni d'une foule d'autres compositions inédites ; mais, en dehors de tout cela, Wallace, ainsi que je l'ai dit au commencement de ce travail, a publié plus de deux cents morceaux de chant et autant de morceaux de musique instrumentale.

Parmi les premiers, on trouve d'abord un grand nombre de ces compositions que nos voisins enveloppent sous l'appellation générique de *songs*, c'est-à-dire romances, nocturnes, ballades, cavatines, hymnes, sérénades, tyroliennes, canzonettes, etc., etc. Les seconds se composent de fantaisies de concert, morceaux de salon, variations sur des airs d'opéras ou des mélodies populaires, romances sans paroles, préludes, études, et aussi de beaucoup de musique de danse, valses, polkas, schotischs, mazurkas, etc. J'ajoute que Wallace a pris part à une nouvelle édition des études de Czerny, faite par une des premières maisons de commerce de musique de Londres.

N'avais-je point raison de dire qu'une telle fécondité tenait réellement du prodige, et conçoit-on une aussi énorme production chez un homme qui, comme Wallace, avait visité les cinq parties du monde, avait été deux fois en Amérique, où ses deux séjours furent de longue durée, avait parcouru presque toutes les contrées de l'Europe, et enfin est mort à peine âgé de cinquante ans, parlant et écrivant facilement une demi-douzaine de langues ? Quels insensés viennent donc nous parler d'une prétendue égalité des facultés intellectuelles en présence de semblables phénomènes, d'organisations à ce point privilégiées !

Et cet homme, ce grand artiste, est mort pauvre par suite d'un concours fatal et prolongé de circonstances fâcheuses, et, en s'éteignant, il n'a pas eu la consolation de pouvoir se dire qu'il laissait les siens à l'abri du besoin. Sa veuve a dû se souvenir qu'elle aussi avait été une grande virtuose, et, à l'âge où l'on devrait pouvoir se reposer des fatigues passées, il lui a fallu faire appel à une clientèle et se décider à former des élèves, afin de pouvoir élever convenablement ses enfants. Au reste, l'Angleterre ne s'est pas montrée ingrate envers la mémoire de son compositeur chéri. Dès que la nouvelle de la mort de Wallace fut connue à Londres, un comité s'organisa en cette ville et provoqua une souscription dans le but de lui élever un monument digne de lui, et de venir en aide à sa famille. Ce comité, présidé par le marquis de Devonshire, et composé des principaux amis, confrères et éditeurs de Wallace, a déjà donné le 4 janvier dernier un grand concert au profit de la souscription, concert qui dut être bientôt suivi d'un second.

L'Amérique, cette seconde patrie de Wallace, s'est émue aussi. Un comité semblable à celui de Londres s'est formé à New-York, à la suite de plusieurs *meetings*, dans un but complétement identique. Une circulaire a été publiée par ce comité pour annoncer sa formation et faire savoir qu'il ouvrait une souscription, dont une partie du produit servirait à ériger un monument funèbre en l'honneur de Wallace, et dont le surplus serait remis à sa famille. « La gloire de Wallace — disait cette circulaire — appartient à l'art américain. C'est ici qu'il a écrit ses plus beaux ouvrages, bien qu'il n'ait pas eu l'occasion de les y produire; il était citoyen de ce pays (1), et ses enfants y sont nés. Son intention était de revenir parmi nous et d'habiter ici, où il avait passé les plus heureuses et les plus productives années de sa vie. Ce sera notre gloire, comme c'est notre devoir de souscrire... En souscrivant, nous témoignerons de notre reconnaissance pour les heures de délices que nous avons passées sous le charme de sa belle musique. »

A New-York comme à Londres, un grand concert fut donné à la mémoire de Wallace et au profit de sa souscription ; comme à Londres aussi, le programme était entièrement composé de

---

(1) On se rappelle qu'à son second voyage en Amérique, Wallace s'était fait naturaliser.

morceaux empruntés à l'œuvre du maître, à l'exception de la marche funèbre de la Symphonie héroïque de Beethoven, qui ouvrait la séance. Cette solennité eut lieu à l'Académie de musique, le jeudi 14 décembre 1865, et le produit en a dû être considérable, le prix des places ayant été fixé à deux dollars, deux dollars et demi et cinq dollars.

On voit, par ces détails, que l'Angleterre et l'Amérique se confondent en un même élan de sympathie et de regrets pour la mémoire de Wallace, d'admiration et de reconnaissance pour les œuvres qu'il a léguées à ses compatriotes et à la postérité. J'ai cru faire comprendre, dans le cours de cette notice, que l'artiste avait droit à ce témoignage, de par son talent et son génie, que l'homme était digne de tels honneurs, et par la grandeur de son esprit et par les sentiments qui animaient son cœur.

La plupart des journaux anglais et américains, principalement ceux dont la spécialité consiste surtout à s'occuper de questions d'art et de théâtre, ont consacré de longs et nombreux articles à la mémoire de ce grand artiste et de cet homme de bien.

J'ai déjà cité, avec les éloges qu'il méritait, le travail développé, nourri de faits et abondant en renseignements, publié par le *Musical World*, de Londres, travail dans lequel je ne me suis point fait faute de puiser largement. L'*Orchestra*, de la même ville, a donné aussi, en plusieurs articles, une sorte d'analyse critique des principaux opéras de Wallace, et il a produit, sous la signature de MM. J. E. Carpenter, Henry Farnie et Henry Clarke, plusieurs pièces de vers inspirées par le génie du grand musicien, et dont une entre autres, relative à un incident qui s'est produit aux funérailles du compositeur et intitulée *le Requiem du Rouge-Gorge*, m'a semblé particulièrement réussie. Le même journal a donné, dans son numéro du 28 octobre dernier, un portrait lithographié de Wallace, qui est, dit-on, très-ressemblant. L'artiste est représenté assis, tenant un papier d'une main, une plume de l'autre, le bras droit appuyé sur un meuble. Les yeux, grands et expressifs, sont dans cet état de fixité vague qui indique que l'imagination est en travail d'enfantement; le front, très-développé naturellement, l'est plus encore par suite d'un commencement de calvitie, le nez est droit et bien proportionné, la bouche gracieuse, la lèvre supérieure dégarnie de moustaches, et un collier de barbe à l'anglaise encadre le visage, qui est empreint d'une rare douceur et d'une grande distinction. Bien que le corps soit puissant, l'embonpoint n'est pas exagéré, vu la haute stature de l'individu, et l'élégance en est remarquable.

www.ingramcontent.com/pod-product-compliance
Lightning Source LLC
Chambersburg PA
CBHW060951050426
42453CB00009B/1151